zen-on piano library

KB252103

CZERNY

ERSTER LEHRMEISTER   Op. 599

체르니   입문자를 위한 연습곡

서울음악출판사

Carl Czerny

geb. in Wien den 21. Febr. 1791.

Carl Czerny, Portät von Lanzedelly, nach einer Lithographie im Archiv der Gesellschaft der Musikfreunde, Wien

차례

+++++++++++++

Inhalt.　　　　　　Contents.

········ 해설 ········

이 <입문자를 위한 연습곡>은 원제인 <Erster Lehrmeister, 첫 번째 선생님>에서 알 수 있듯이 입문자를 대상으로 하고 있습니다. 샤프와 플랫이 적은 조성(장조만)을 중심으로 기본적인 지식과 테크닉을 배울 수 있도록 구성되어있습니다. 악보를 이해할 수 있을 정도의 연령 이상, 또는 성인 입문자가 효율적으로 피아노를 배우기에 알맞은 내용입니다. 다만, 바로 7도를 포함한 화음이 나오거나 후반부에는 난이도가 높은 곡이 많이 나오므로 손이 작은 유아나 피아노를 천천히 배우고 싶은 사람에게는 부담이 되지 않도록 배려할 필요가 있습니다.

연습곡집 전체의 구성은 다음과 같습니다.

제1장

기본	(18)	1-10	손가락과 건반 위치관계를 익힌다.
		11-18	
음역 확장	(17)	19-26	손가락을 벌린다. 1번 손가락이 다른 손 아래를 지나가 넓은 음역을 연주한다.
		27-31	
		32-35	
조성 확장	(7)	36-38	검은 건반 연주와 쉬운 조.
		39-42	
리듬	(15)	43-57	쉼표 및 종합연습.

제2장

빠르기	(13)	58-70	빠른 움직임을 위한 테크닉 연습.
종합연습	(30)	70-100	멜로디를 아름답게 연주하는 연습.

음표를 익히기 위한 예비연습

음표의 상대적인 길이를 파악하면서 곡 전체를 일정한 템포로 연주하는 방법을 배웁니다. 오른손과 왼손의 연주 타이밍도 익힙니다. 모두 C장조, 4/4박자입니다. 4분음표가 없더라도 4박자를 지키면서 연습하세요. 음역이 좁은 곡은 무리 없이 멜로디를 노래할 수 있으므로(음이 높은 경우에는 옥타브를 내린다), 멜로디를 노래하면서 연주하면 좋습니다. 흰 건반만 연습합니다. 손 자세는 건반 위에 자연스럽게 올리고 살짝 둥글게 쥔 모양을 기본으로 합니다.

1~4번 온음과 2분음입니다. 양손 모두 5개의 건반을 1-5번 손가락으로 연주합니다. 기본이 되는 이 손 위치를 기억하세요. 같은 건반을 반복해서 연주할 때, 앞쪽 음표가 뒤쪽 음표보다 짧아지지 않아야 합니다.

5번 오른손 음역이 넓어지고 손 위치도 바뀝니다. 1번 손가락 위치를 확인하면서 연주하세요.

6번 왼손에 4분음이 나옵니다. 3번과 6번은 조표가 없고 검은 건반도 나오지 않지만 실제로는 G장조입니다.

7번 5, 7마디째 4-3번 손가락 진행은 음이 가까우므로 1박째 4번 손가락을 정확하게 연주하세요.

8~10번 화음 연습입니다. 건반을 동시에 누르는 연습을 하세요. 다음 화음을 연주하기 위해 너무 빨리 건반에서 손을 떼는 경우가 많습니다. 음의 길이를 최대한 살리세요. 특히 10번은 양손이 같은 박자입니다. 건반에서 손을 떼는 타이밍을 잘 맞추세요.

바른 위치에서의 다섯 손가락 연습

오른손은 C D E F G음을 1-5번 손가락으로 손 위치를 유지하면서 연주합니다(1~4, 7번도 같습니다). 연주하지 않는 손가락을 포함해서 모든 손가락을 건반 위에 두세요. 이렇게 하면 건반을 보지 않아도 각각의 손가락이 정확하게 연주를 할 수 있게 됩니다.

왼손에는 C-E-G의 으뜸화음과 B-D-G(B-F-G)의 딸림화음을 사용하고 있습니다.

올바른 운지로 11, 12, 17, 18번에서는 화음을, 13, 15, 16번에서는 온음 길이를 잘 유지시켜야 합니다. 반주 악보의 패턴에서는 4박째 4분음이 길어지거나, 길게 이어지는 음에서 손가락을 떼서 처럼 되지 않도록 하세요.

11번 3도 음정의 레가토 연습입니다. 다섯 손가락을 같은 힘으로 연주하세요.

12번 매끄럽게 순차진행 하는 연습입니다. 8분음이 가까워지지 않도록 하세요. 13마디째는 5번 손가락이 이어집니다.

13번 7, 15마디째는 4, 5번 손가락을 뻗지 않아야 합니다. 손가락 밑동을 의식하고 타건하세요.

14번 오른손은 3도 중음, 왼손은 아르페지오 베이스를 연습합니다. C-E, E-G를 번갈아 연주하는 부분에서는(13, 14마디째) 3번 손가락의 음량이 달라지지 않도록 하세요.

악보 예1

15번 분산화음 형태의 셋잇단음입니다. 1번 손가락 음이 커지지 않아야 합니다. 음량이 달라지면 리듬을 벗어난 것처럼 들립니다.

16번 C~G음의 5도 범위 안에서 고른 음량으로 음계를 연주하는 연습입니다. 손목과 손바닥 움직임에 의지해서 터치하면 음량에 차이가 생깁니다. 2, 4박째가 무거워지거나 악센트가 들어가지 않도록 하세요.

17번 손가락의 독립된 움직임을 연습해서 3도 중음을 균일한 음량으로 연주하세요. 준비연습으로 다음의 악보 예와 같은 손가락 운동을 하는 것도 좋습니다.

악보 예2

18번 11~18번 연습의 총정리입니다.

엄지손가락이 다른 손 아래로 지나가거나, 엄지손가락 위를 넘어가는 첫 연습

1번 손가락 터치에서 손목이 내려가면 매끄러운 연주가 어렵습니다. 손목을 내리지 않고 1번 손가락을 움직여서 타건하세요. 여기서는 다양한 박자가 등장합니다.

19번 손이 이동하는 음계 연습입니다. 이동시에 손목을 너무 많이 움직이면 손가락이 건반과 비스듬하게 되어 미스터치를 하거나 음량에 차이가 날 수 있습니다.

다음과 같은 준비운동을 하면 좋습니다(다른 조에서도 응용해보세요). 이번 곡부터는 버금딸림화음(C-F-A)이 나옵니다.

악보 예3

20번 1, 5, 13마디째 분산화음은 팔 전체의 중심을 이동시키는 느낌으로 연주하세요. 손가락을 무리해서 벌리면 손바닥에 힘이 들어가서 터치가 고르지 않게 됩니다.

21번 오른손 슬러 부분은 레가토로 연주합니다. 슬러 마지막 음이 너무 강해지지 않아야 하며 건반에서 손가락을 뗄 때에도 조용히 뗍니다. 왼손은 1~2박, 3~1박이 연결되지 않아야 합니다.

22번 2/4박자입니다. 2박자를 의식하며 연주하세요.

23번 6/8박자의 흐르는 듯한 리듬을 타며 레가토로 연주하세요. 같은 음을 같은 손가락으로 연속해서 연주하는 부분은 두 번째 터치가 부실해지지 않아야 합니다.

24번 슬러를 마치는 부분을 잘 살펴야 합니다. 9~12마디째 5번 손가락 연타는 같은 터치로 연주할 수 있도록 연습하세요.

25번 화음은 손목을 사용하지 않고 손가락 끝으로 동일한 타이밍에 끝까지 눌러야 합니다. 왼손 트레몰로 반주는 중음과 1번 손가락 음의 세기가 어느 쪽으로 치우쳐지지 않아야 합니다.

26번 경쾌한 3박자입니다. 4마디를 단숨에 연주하세요. 슬러 마지막 음에 악센트가 붙거나 날카로워지지 않도록 하면서 팔 전체를 올려 자연스럽게 연주하세요.

8도(1옥타브) 음역을 넘어가는 연습

음역이 조금씩 넓어지더라도 손의 기본 자세를 잘 유지시켜야 합니다. 약하거나 건반을 끝까지 누르지 않은 터치가 섞이면 음량이 고르지 않게 됩니다.

27번 5마디째 왼손에 딸림7의 4화음이 등장합니다. 한 번에 4개의 건반을 누르는 것은 어려운 일입니다. 손 크기와 모양이 사람마다 다르므로 다양하게 연주를 해보고 자신에게 맞는 운지를 찾아보세요.

28번 6도 음정을 1번과 5(4)번 손가락으로 정확하게 연주하는 연습입니다. A-B-A의 3부 형식입니다.

29번 이 곡도 3부 형식입니다. A에 해당하는 1~8마디와 17~24마디의 내용은 같지만 악보 표기가 다릅니다. 덧줄이 많은 기보와 8‥‥‥‥‥을 이용한 기보는 모두 정확하게 읽어야 합니다. 멜로디는 4마디를 하나의 호흡에 연주하세요. 16마디째 오른손 G음 반복은 손가락을 바꾸어 연주합니다. 이렇게 하면 터치가 일정해집니다.

30번 강약기호가 나옵니다. 9~12마디째와 13~16마디째는 *f*와 *p*를 대비시키세요. 9, 13마디째 오른손 3도의 중음 슬러는 14번, 악보 예1 연습법을 응용하세요. 9~16마디째 왼손에 슬러가 있는 트레몰로 반주는 손바닥과 손목의 움직임에 의지하지 않고 손가락의 움직임을 잘 살피며 연주하세요.

31번 셋잇단음 반주를 바탕으로 오른손이 3, 6도 중음으로 멜로디를 연주합니다. 중음과 화음은 울림을 잘 들으면서 연주하세요. 가로의 흐름도 중요하므로 소프라노(가장 높은 음)만 연주해보는 것도 좋습니다.

낮은음자리표 연습

왼손의 보표가 낮은음자리표입니다. 옥타브에 걸친 음정을 1~5번 손가락으로 연주하는 곳도 나옵니다. 손이 작은 사람은 무리해서 손가락을 벌리지 말고 1번, 5번 손가락으로 편하게 연주할 수 있는 상태를 만들어주세요.

32번 왼손은 운지를 잘 살피면서 레가토로 연주하세요. 오른손 화음은 건반 가까이에서 세심하게 연주하세요. 곡 전체가 *f*지만 강한 음을 내려고 의식하면 몸에 힘이 들어가서 좋은 연주를 할 수 없습니다. 아름다운 울림을 목표로 연습하세요.

33번 양손이 같은 움직임을 하는 곳은 16분음을 고른 음량으로 연주하세요. 16분음에서 이어지는 4분음은 너무 빠르게 연주하려고 하면 실수를 할 수 있습니다.

34번 31번과 같은 타입의 곡으로 움직임이 더 세밀합니다. 특히 6도 중음이 이어지는 7~9, 11마디째는 손목 움직임에 의존하지 말고 하나하나의 음을 천천히 꼼꼼하게 연주하는 연습을 하세요. 마지막의 *dim.*도 아름답게 연주하세요.

35번 왼손 옥타브 도약을 정확하게 연주하는 연습입니다. 9~12마디째는 *p*입니다. 낮은 음역의 음을 강하게 연주하지 않도록 오른손과의 음량 밸런스를 잘 살피세요.

샤프(♯)와 플랫(♭) 연습

C장조 곡에 임시기호가 나옵니다. 손가락을 뻗은 상태로는 미스 터치를 할 수 있으므로 최대한 구부린 자세를 유지하세요.

36번 레가토의 멜로디를 아름답게 연주하세요. 3~4마디째 4분음 2개씩의 짧은 슬러는 마치는 부분을 꼼꼼하게 연주하세요. 뒤에 나오는 음이 강해지거나 겹쳐지지 않아야 합니다.

37번 3도, 6도의 중음 레가토 연습입니다. 31번과 마찬가지로 소프라노만 정확한 운지의 레가토로 터치하면 좋은 연습이 될 것입니다. 6마디째 왼손 낮은 C♯음은 손이 큰 사람이라면 4번 손가락으로 연주해도 좋습니다. 손이 작은 사람은 손가락을 무리해서 펴지 말고, 손 전체를 이동시켜서 옥타브를 연주하세요.

38번 깔끔하게 끊어지는 리듬으로 스타카토, 악센트 등의 아티큘레이션을 또렷하게 연주하세요. 왼손에는 높은음자리표(G음)와 낮은음자리표(F음) 모두 사용합니다.

쉬운 조(G장조와 F장조) 연습

조표가 등장합니다. G장조와 F장조뿐이며, 임시기호와 달리 마디마다 기호가 있지는 않습니다. 4곡 모두 도중에 딸림조(G장조→D장조, F장조→C장조)로 조바꿈을 합니다.

39번 같은 음에서 손가락을 바꾸는 부분은 더욱 꼼꼼하게 연주하세요. 왼손에는 5번 손가락이 검은 건반을 연주하는 부분이 몇 곳 있습니다. 손가락을 건반 위에 둔 후에 손가락을 펼치는 연습을 하세요.

40번 왼손이 논 레가토인 곳과 레가토인 곳은 정확히 구분해서 연주하세요.

41번 반주가 빠르게 움직입니다. 1번 손가락 터치에서 손목이 내려가지 않도록 다음 악보 예와 같은 예비연습을 하세요. 이때 1번 손가락은 밑동부터 의식적으로 크게 움직이세요. 멜로디는 8마디를 단숨에 노래하듯이 연주하세요.

악보 예4

42번 느린 템포로 울림을 잘 들으면서 연주하세요. 특히 후반부는 소프라노와 베이스가 엮어내는 울림의 변화가 강약

표현과 하나를 이루고 있습니다.

쉼표 연습

템포와 리듬을 정확하게 연주하기 위한 쉼표 연습입니다.
곡마다 나오는 빠르기말의 의미를 기억하세요. 여기서는 D
장조, 내림E장조가 추가됩니다.

43번 4분쉼표의 아우프탁트로 시작됩니다. 확실히 아우프
탁트 프레이징인지는 알 수 없지만 내는 음이 없는 1박부터
정확히 세서 연주를 시작하세요.

왼손 화음이 ♩ ♩ ♩ ♩ 가 되는 부분의 뒤에 나오는 음
은 아우프탁트와 겹쳐지지 않도록 정확이 끊어야 합니다.

44번 8분쉼표가 많이 나옵니다. 4분음에 스타카토 기호
가 붙은 것으로 생각하고 경쾌하게 연주하세요. 양손 타이
밍을 잘 맞추세요. 16분음 연주가 서투르면 템포가 흐트러
지는 경우가 있습니다. 마음속으로 음 하나하나를 노래하
면서 연주하세요.

45번  의 오른손 리듬을 유지하기 위해서는
반주의 화음도 경쾌해야 합니다. 17~20마디째는 좌우 손의
역할이 바뀝니다. 오른손이 2분음 화음이라는 것을 잊지
마세요.

46번 오른손 중음은 다음의 악보 예와 같은 연습을 해보
세요.

악보 예5

17~24마디째 왼손은 슬러와 스타카토를 정확하게 연주하
세요.

47번 왈츠 리듬입니다. 레가토 멜로디를 아름답게 연주하
세요. 1번 손가락이 2번 손가락 아래로 들어가 3도 음정을
연주하는 부분에서는 다음의 악보 예와 같은 준비운동이
효과적입니다.

악보 예6

48번 시작부분의 어려운 운지에 대비하기 위해 다음의 악
보 예를 연습해봅시다. 느리고 정확한 터치로 건반을 끝까
지 누르면서 연습하세요. 손이 작은 사람은 5, 8마디째 6도
중음을 1~5번 손가락으로 눌러도 됩니다.

악보 예7

49번 음계 연습입니다. 높은 음역에서 손가락 끝만 뻗어
서 연주하면 손의 방향이 건반에 대해 비스듬해져 터치가
어렵습니다. 팔꿈치를 몸에서 떼서 손과 건반이 항상 일정
한 관계를 유지하도록 하세요.

50번 레가토 연습입니다. 특히 왼손은 음 하나하나를 같
은 무게로 눌러서 고른 음량으로 연주하세요. 음량이 전체
적으로 살짝 약한 편이 좋습니다.

51번 점리듬 연습입니다. ♪.♪♪♪ 와 ♪♪♪♪ 의 2가지 리
듬형이 있으며 모두 16분음 연습입니다. *ff*에서는 팔의 무
게를 이용합니다.

52번 6도 중음 레가토입니다. 느린 템포로 중음과 화음이
충분히 울리도록 연주하세요. 특히 13~15마디째는 메조 스
타카토입니다. 손가락 끝만으로 연주하지 말고 팔도 사용
해서 부드럽게 음을 끊으세요.

53번 싱커페이션 연습입니다. ♪♩ ♪의 4분음표는 테누
토 느낌으로 연주하세요.

54번 8분음 아우프탁트와 이어지는 턴이 무거워지지 않
아야 합니다.

55번 Allegretto이므로 점 리듬이 너무 날카로워지지 않
도록 하세요. 반복기호 후의 아우프탁트는 *p*로 시작하지
만 템포가 느려지지 않아야 합니다.

56번 반음계에서 흰 건반을 1번 손가락이 담당합니다. 이
때 손목이 내려가기 쉬우므로 주의하세요. 1번 손가락 밑
동부터 크게 움직여서 연주하세요. 터치하는 순간에는 1번
손가락과 2번 또는 3번 손가락이 원을 그리도록 처음에는
느린 템포로 연습하는 것이 좋습니다.

57번 3도 중음 아르페지오가 나옵니다. 처음에는 손 위치
를 움직이지 않고 연주할 수 있는 음을 모두 화음으로 보
고 손 위치의 움직임을 외우면 편합니다. 이때 어깨의 힘을
빼세요.

유창한 연주를 위한 연습

빠른 템포에서 세밀하게 움직임는 테크닉을 익히기 위한 연습곡입니다. 처음에는 천천히 연습하고 조금씩 템포를 올려갑니다. 리듬변화와 악센트를 다양하게 주면서 손가락 트레이닝을 하면 손가락을 독립적으로 움직이는 데에 도움이 됩니다.

58번 손 위치를 거의 움직이지 않는 범위 안에서 세밀하게 움직이는 연습입니다. 2/4박자이므로 상당히 빠른 움직임임이 요구됩니다.

59번 58번과 같은 타입으로 이번에는 왼손을 연습합니다. 오른손에 검은 건반이 있어 더욱 어렵게 느껴질 수 있습니다.

60번 악보 예a처럼 연주해보면 단순하게 파악해볼 수 있습니다. b에서는 좌우의 손이 대칭으로 움직입니다. 손바닥이 불필요한 동작을 하지 않도록 침착한 터치로 연주하세요.

악보 예8

61번 16분쉼표로 시작하는 음계연습입니다. 1박을 16분음으로 나누어 시작을 정확하게 연주하세요. 14마디째 왼손에서 오른손으로 넘어가는 부분은 매끄러워야 합니다.

62번 빠른 셋잇단음 연습입니다. 다음의 악보 예와 같이 다른 패턴의 분산화음으로 연습하면 고른 음량으로 연주할 수 있습니다.

악보 예9

중음 레가토는 14번의 악보 예1을 참고하세요. < >는 부드러운 악센트입니다.

63번 오른손에 셋잇단음이 이어집니다. 손가락을 크게 펼치거나 크게 도약하는 부분이 없습니다. 따라서 손바닥을 편안하게 하고 손가락 끝을 뻗지 않고 둥근 모양을 유지하며 매끄럽게 연주하세요. 9~10, 11~12마디째 *f*와 *p*는 음역이 다르므로 강조를 하지 않으면 차이를 알기 어렵습니다. 13마디째는 *pp*이므로 왼손 화음이 너무 강해지지 않도록 터치하세요.

64번 화음 스타카토는 지금까지 몇 번 나왔습니다. 이 곡은 *pp*부터 *f*까지 조금씩 *cresc.*하면서 끊어지지 않고 이어집니다. 손가락 관절의 탄력을 이용해서 건반을 끝까지 누르고 가능한 빨리 힘을 빼는 연습을 하세요. 불필요한 힘이 들어가지 않도록 팔꿈치와 손목이 긴장하지 않는 것이 중요합니다.

65번 트릴 연습입니다. 3-4, 4-5번 손가락은 연주가 어려우므로 많은 연습이 필요합니다. 마디마다 트릴이 매끄럽게 연결되도록 하세요. 베이스(점2분음)도 레가토로 연주하세요.

66번 A장조 음계연습입니다. 9~16마디째는 손바닥을 터는 식으로 터치하지 말고 다음의 악보 예와 같은 연습을 하세요.

악보 예10

67번 왼손 트릴 연습입니다. 3가지 운지로 표기되어있습니다. 모두 연습해보세요. 이밖에 3-1-2-1의 운지도 있습니다.

68번 동음반복입니다. 손가락 하나하나 강하게 터치하고 바로 손가락을 떼서 건반이 돌아오는 것을 확인하세요. 다음은 건반을 누른 후 바로 손가락 힘을 빼서 건반 자체의 힘으로 손가락이 올라오도록 하세요. 손가락 끝끼리 가까이에 두고 신속하게 손가락을 바꿔가며 이 동작을 하면 자연스럽게 무리 없이 연주할 수 있습니다.

69번 1박에 1옥타브 음계를 단숨에 연주합니다. ∧는 강한 악센트입니다. 61번과 마찬가지로 쉼표가 박자 머리에 오는 경우와 아닌 경우, 좌우의 손이 연주를 주고받을 때 동시에 연주하는 부분과 타이나 쉼표에 의해 교대로 연주하는 부분 등 다양합니다. 쉼표 때에는 손을 다음에 연주할 음계 위치로 이동시켜두세요.

70번 내림E장조 음계입니다. f에서 유니즌은 강한 터치로 좌우의 음을 고르게 연주하세요. 3~4, 7~8마디째 p와 대비를 시키세요.

선율 연습

지금까지 배운 테크닉으로 멜로디가 노래하도록 연주하는 연습입니다. 프레이즈(한 덩어리로 연주합니다. 슬러가 있는 경우도 많습니다) 안에서 어떤 음이 중요한지 파악하고 자연스러운 기복을 느끼면서 연주하세요. 프레이즈의 시작과 마무리는 특히 꼼꼼해야 합니다. 멜로디 흐름을 부각시키기 위해서는 왼손과의 음량 밸런스도 중요합니다.

　왼손 반주는 베이스가 이어지는 곡이 많습니다. 이어지는 음을 충분히 유지시키느냐에 따라서 울림이 달라지므로 이 점을 잘 살피면서 연습하세요.

71번 비교적 음가가 길고 느린 멜로디입니다. 1박째의 2분음과 점4분음이 다음 음으로 연결될 때 너무 강해서 프레이즈 흐름을 방해하지 않아야 합니다. 잘 듣고 확인하면서 연주하세요.

72번 다양한 형태의 아우프탁트가 나옵니다. 각각 다른 표정으로 연주하세요. 템포는 너무 빠르지 않아야 합니다. 3, 7, 15마디째 2개의 8분음에 붙은 슬러는 부드럽게 연주하고 잘라주세요.

73번 턴 ♩ 과 겹앞꾸밈음(위쪽 모르덴트) 가 나옵니다. 턴은 박자에 충분한 길이로 연주합니다. 겹앞꾸밈음은 박자 머리에 맞추어 시원하게 연주합니다(아래의 악보 예 참고). 악센트는 원래 음표에 붙습니다. 슬러가 짧게 들어가지만 4마디를 하나의 프레이즈로 노래하듯이 연주하세요.

74번 트릴은 페이지 아래의 악보 예를 참고하세요. 1박에 들어가는 음의 수는 연주자에게 맡겨졌으며, 하나의 곡 안에서는 통일시켜 연주하세요. 왼손 반주는 조용히 하는 것이 좋습니다.

75번 겹점음, 16분음, 셋잇단음 등, 1박을 세분하는 리듬을 정확하게 연주하세요. 이 곡에서는 작은 꾸밈음 음표는 앞에 두고 원래 음표는 왼손에 맞추어 연주합니다. 마지막 pp에서 반음계는 손가락 밑동부터 움직여서 손가락 끝으로 경쾌하게 터치하세요.

76번 2분음과 점2분음을 잘 울리는 음색으로 연주하는 연습입니다. 음을 길게 유지시키기 위해 강하게 터치하면 멜로디의 흐름이 손상됩니다. 강하고 크게 소리를 낸다기보다는 아름다운 음색으로 연주하려고 하는 편이 팔과 어깨의 힘이 빠져서 좋은 터치가 됩니다.

77번 아르페지오와 음계를 패시지가 아닌 멜로디로 한 음 한 음 정확하게 터치하세요. 마지막 3마디만 *leggiero*(가볍게)입니다. 기분을 전환해서 연주하세요.

78번 4성부(일부는 5성) 스타일입니다. 반드시 1성부씩 연주해보고 흐름을 확인하세요. 모든 음을 박자 끝까지 충분히 유지시키며 깊은 터치로 연주하세요.

79번 타이가 마디선에 걸쳐 있으면 싱커페이션이 되어 마디의 제1박째 악센트가 앞으로 이동합니다. 이것을 강조하면서 3박자가 어긋나지 않도록 왼손으로 지탱합니다. 17~24마디째는 오른손 음량이 왼손보다 크지 않아야 합니다.

80번 오른손에 나오는 작은 점은 일종의 생략기보법으로 타이와 같은 것이라 생각하세요. 셋잇단음 사이에 나오는 16분음에 이끌려 빨라지지 않아야 합니다.

81번 느릿하게 멜로디가 노래하도록 연주해보세요. 짧은 음표로 된 꾸밈음은 자연스럽게 녹아들어가야 합니다. 스타카토 음표에 붙은 앞꾸밈음은 또렷하게 연주합니다.

82번 '헝가리 스타일로(al'hongroise)'라고 표기되어있습니다. 꾸밈음과 도약진행이 헝가리(집시) 민속음악 스타일입니다. 앞꾸밈음을 강조하면 독특한 분위기를 낼 수 있습니다.

83번 앞꾸밈음 연습입니다. 빠른 6/8박자이므로 2박자 느낌으로 연주하세요. 9~12마디째 오른손 화음 언타는 손가락 관절의 탄력과 손목 스냅을 살려서 연주하세요.

84번 아르페지오 연습입니다. 셋잇단음은 박자 머리에서 1번 손가락 또는 5번 손가락을 왼손과 동시에 터치합니다. 이때 악센트가 들어가거나 매끄럽게 연주하기 어렵기 때문에 손이 위아래로 움직이지 않아야 합니다. 음 하나하나(특히 3, 4번 손가락)를 정확히 연주하세요.

85번 왼손 8분음이 너무 날카롭게 잘라지지 않아야 합니다. 오른손은 16분쉼표 뒤에 힘이 들어가기 쉬우며, 이렇게 되면 16분음에 끌려 리듬이 흐트러집니다. 손 전체가 조용하게 움직여야 매끄러운 연주가 됩니다. 악센트가 어긋나게 하거나 점 리듬을 연주하는 연습도 하세요.

86번 손을 교차시키는 연습입니다. 셋잇단음 반주는 조용하게 연주하세요. 그 위로 넘어가는 멜로디는 또렷해야 합니다. 음역이 떨어져있어도 하나의 멜로디로 기복을 잘 살려주세요. 미스 터치를 하지 않기 위해서는 교차하는 손을 크게 움직이지 않아야 합니다(곡선이 아닌 직선의 최단거리로 움직인다).

연주 전에 건반 위에서 손가락 준비를 마치는 것이 중요합니다. 다만 이 곡은 Moderato이므로 너무 서둘러서 교차를 하면 직전의 음이 잘리고 곡의 흐름을 해치게 됩니다.

87번 아르페지오 연습이지만 *dolce*에 빠르기도 Allegretto 입니다. 테크닉 연습이지만 손가락을 정확하게 움직이는 것은 물론 표정이 있는 멜로디로 연주하세요.

88번 31, 37, 46(악보 예5)번을 참고해서 3도의 짧은 트릴 연습을 하세요. 손이 작아서 6도 음정의 4-1, 5-2번 손가락 운지가 어렵다면 무리하지 말고 5-1번 손가락으로 연주하세요.

89번, 90번 이 두 곡은 모두 Allegro-Galoppo로 같은 타입입니다. 갤럽 리듬은 아니지만 빠르게, 쉬지 않고 막힘없이 연주하세요. 전반부 오른손은 5, 4번 손가락 터치가 약하지 않아야 합니다. 왼손은 깔끔하게 8분음을 연주하세요.

91번 3도 레가토입니다. 운지가 가능하다면 상성부를 레가토로 연주합니다. 하행에서 손의 위치가 바뀌는 곳에서는 1번 손가락을 남겨서 음이 끊어지지 않도록 합니다. 3도 상성만 *f*, 하성은 ***p***로 연주하는 연습도 해보세요.

92번 왼손 연습입니다. 1~4마디째는 3박째가 무거워지지 않도록 2-1번 손가락 트릴을 경쾌하게 연주하세요. 후반부 아르페지오는 어깨와 등의 힘을 빼야 합니다.

93번, 94번 각각 내림A장조, E장조로 검은 건반이 많은 조에서 음계와 아르페지오를 조합한 2/4박자입니다. 4마디로 이루어진 하나의 덩어리를 단숨에 레가토로 연주하세요.

95번 꾸밈음이 특징적인 왈츠입니다. 전반부는 스타카토와 도약을 살려서 경쾌하게, 후반부는 운지를 잘 살피면서 레가토로 연주하세요.

96번 분산화음 패턴 중 하나입니다. 운지가 어려워 보이지만 화음으로 파악하고 손위치를 확인하면 쉽게 연주할 수 있습니다. 후반부의 2-1-2번 손가락 진행에서는 1번 손가락 터치에서 손목이 내려가지 않아야 합니다.

악보 예11

97번 왼손 반주가 크게 도약합니다. 어깨를 베이스음으로 이동시키지 않고 팔꿈치를 몸에서 떼어서 연주하는 것이 좋습니다. 오른손 분산화음 꾸밈음은 박자 머리를 잘 맞추세요. 꾸밈음은 1, 5번 손가락 음만 강하게 남지 않도록 손가락 밑동을 빠르게 움직여서 2, 3번째 음도 정확히 연주하세요.

98번 박자 머리에 트릴이 아닌 음이 있습니다. 악센트가 들어가거나 잠시 멈추거나 하지 않고 매끄러운 흐름이 될 수 있도록 연습하세요. 4-5번 손가락 트릴이 어려우므로 많이 연습해야 합니다.

99번 99번과 100번은 이 연습곡집의 총정리로 검은 건반이 많은 조에서의 음계와 아르페지오 연습입니다. 전반부는 1박자 안에서 다양한 리듬이 나오므로 템포가 흐트러지지 않아야 합니다.

100번 내림D장조입니다. 흰 건반을 1번 손가락으로 연주하는 운지와 검은 건반도 1번 손가락으로 연주하는 운지, 두 가지로 표기되어있습니다. 모두 연습하세요. 유니즌 부분은 좌우 모두 같은 타입의 운지(바깥쪽 또는 안쪽끼리)입니다.

이 연습곡집에 나오는 빠르기말

Andante (안단테) 느리게 걷는 빠르기로	Allegretto moderato (알레그레토 모데라토) 쾌활하게 적당한 빠르기로
Andantino (안단티노) 안단테보다 조금 빠르게	Allegro (알레그로) 빠르고 경쾌하게
Moderato (모데라토) 중간 정도의 빠르기로	Allegro vivace (알레그로 비바체) 매우 빠르고 생기 있게
Allegretto (알레그레토) 조금 빠르게	Allegro à la Valse (알레그로 아 라 발스) 매우 빠르고 왈츠 스타일로
Allegretto vivace (알레그레토 비바체) 조금 빠르고 활발하게	Allegro-Galoppo (알레그로 갤럽포) 매우 빠르게 갤럽 스타일로
Allegretto scherzando (알레그레토 스케르찬도) 경쾌하면서도 익살스럽게	Vivace (비바체) 쾌활하고 빠르게
Allegretto à l'hongroise (알레그레토 아 랑그로이즈) 조금 빠르게 헝가리 스타일로	

Erster Lehrmeister.

Vorübungen zur Kenntnis der Noten.

음표를 익히기 위한 예비 연습

C. Czerny, Op. 599. Cah. I.

14

Übungen für die 5 Finger mit ruhig-stillstehender Hand.
바른 위치에서의 다섯 손가락 연습

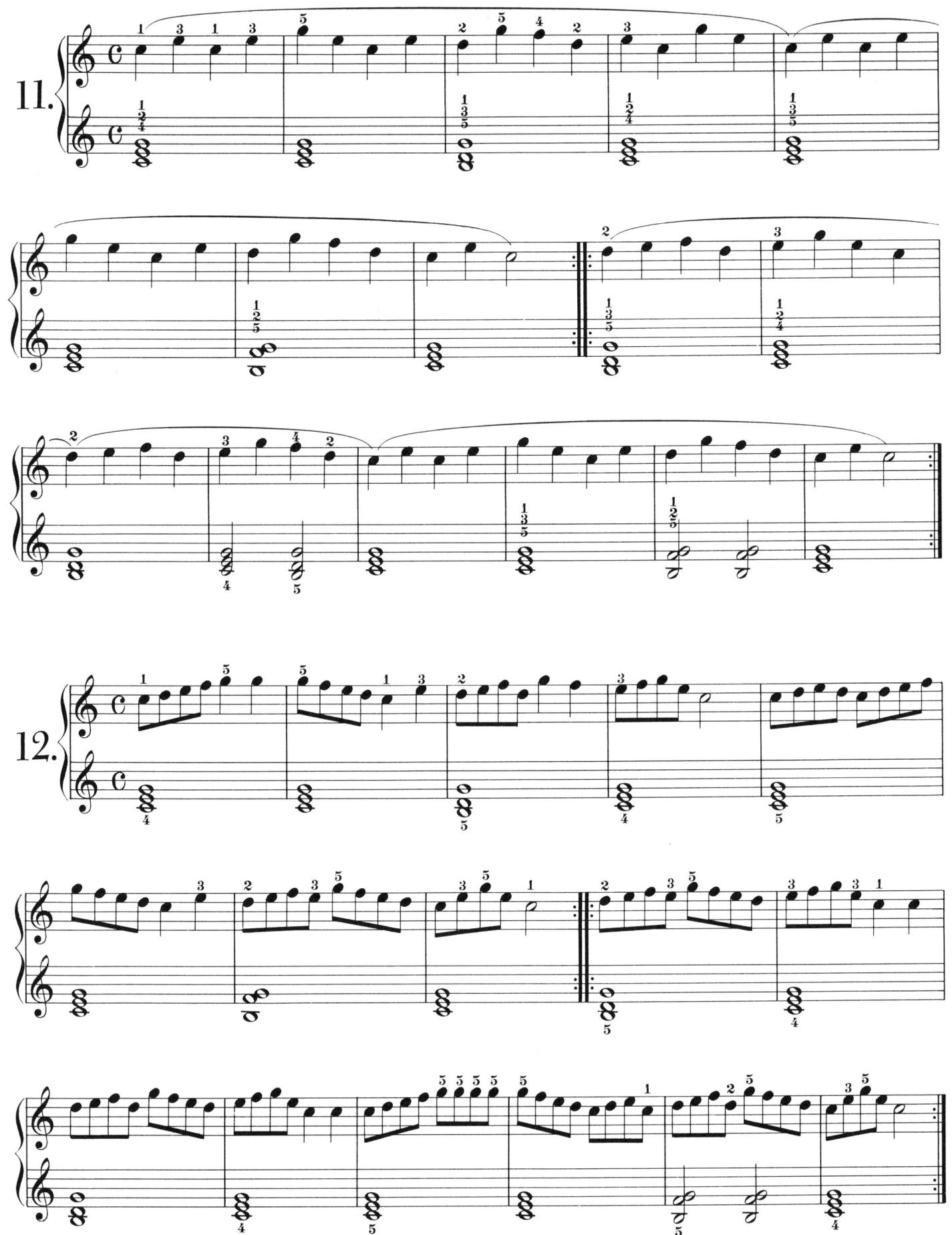

Die ersten Übungen des Unter-und Übersetzens.

엄지손가락을 위한 제1연습

26.

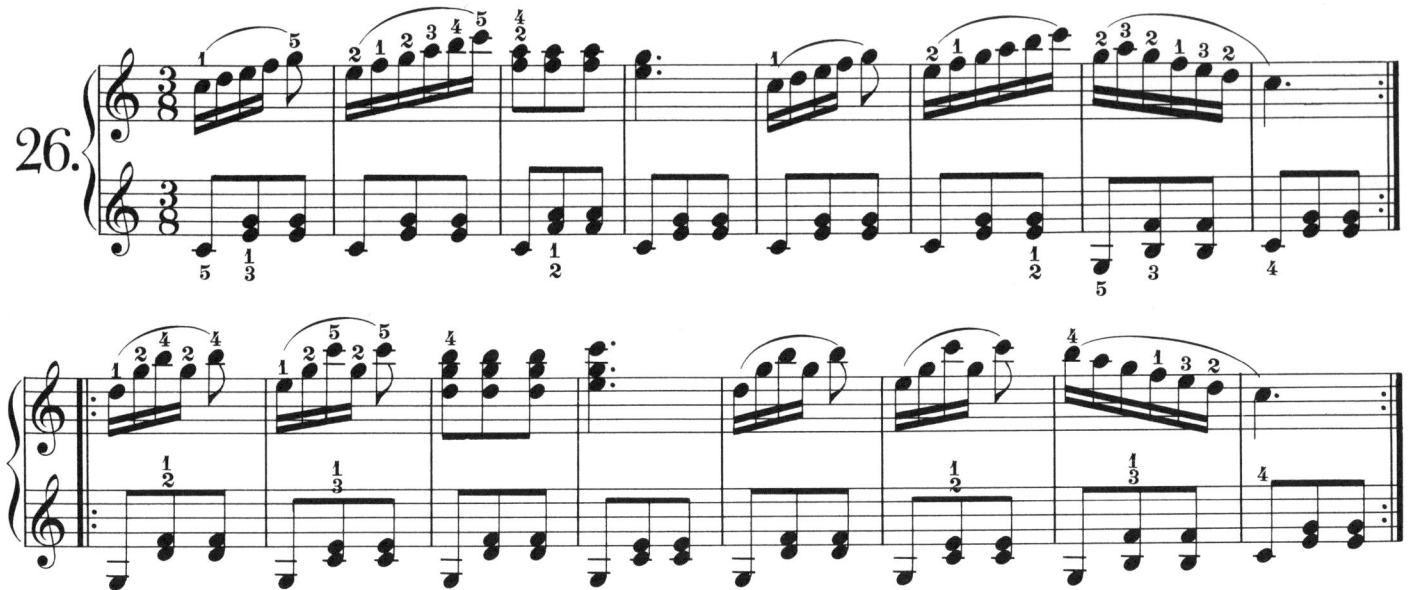

Übungen, welche den Umfang einer Oktave übershreiten.

8도 음역을 넘어가는 연습

27.

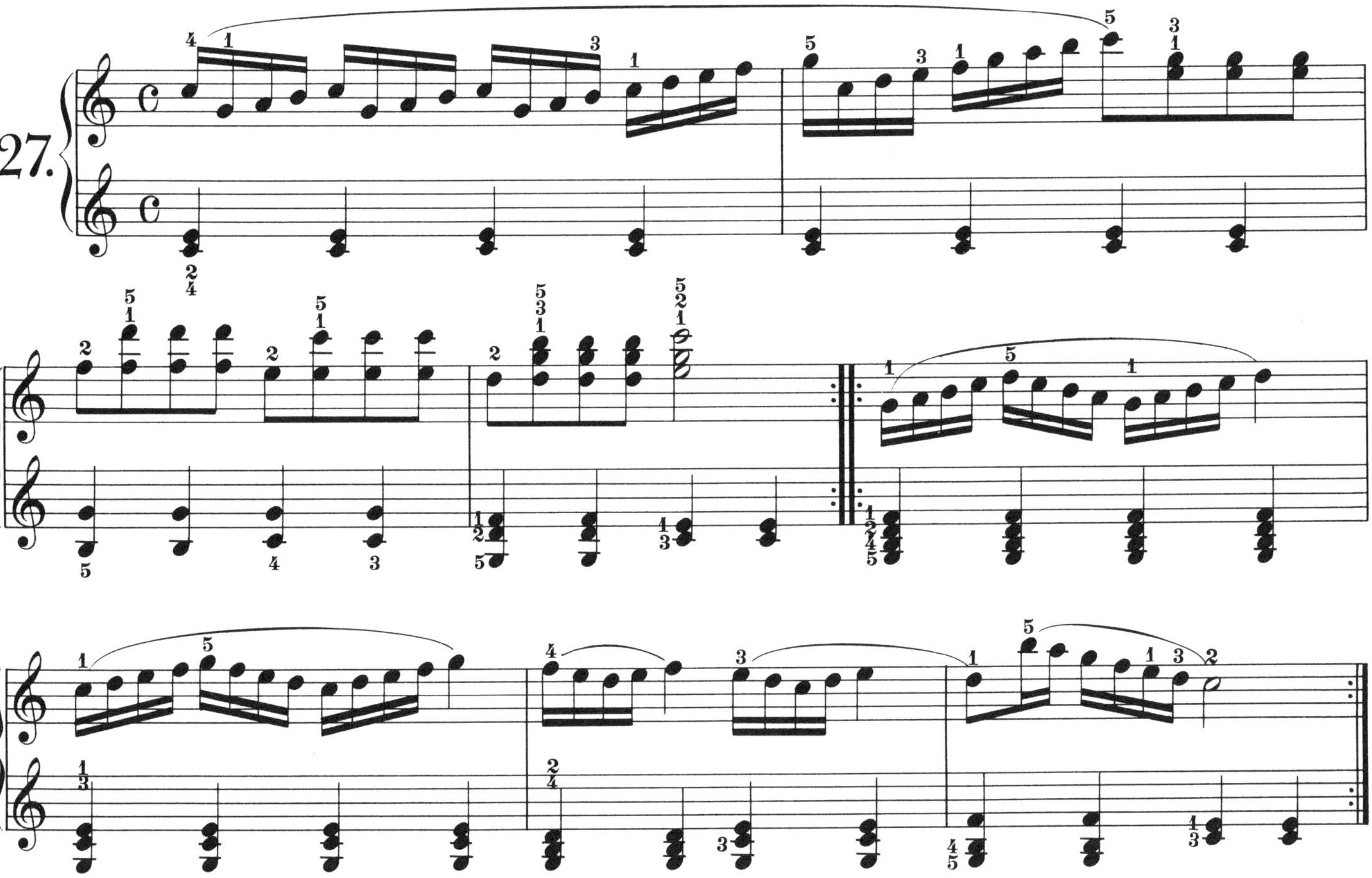

28.

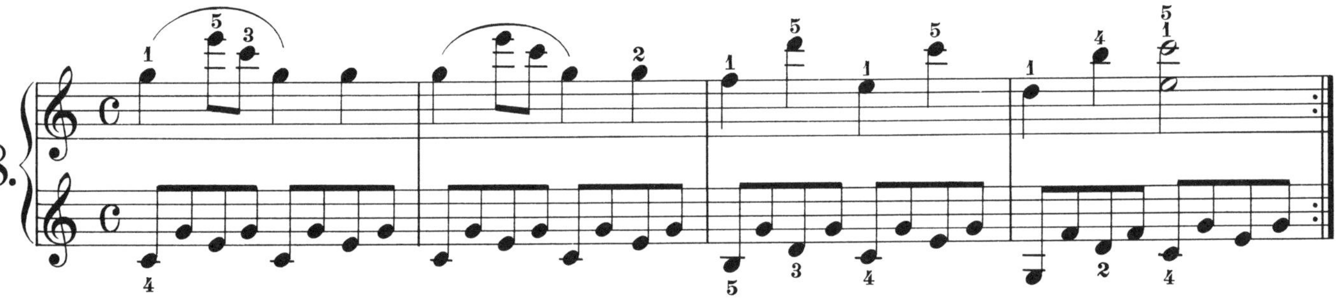

Übungen mit dem Baß-Schlüssel.

낮은음자리표 연습

Übungen mit ♯ und ♭.
샤프(♯)와 플랫(♭) 연습

Übungen in anderen leichten Tonarten.

쉬운 조(G장조와 F장조) 연습

Pausen.
쉼표 연습

Fine.

Da Capo al Fine.

Fine.

Da Capo al Fine.

Übungen zur Beförderung der Geläufigkeit.
빠르기 연습

Op. 599. Cah. II.

Allegretto

68.

Melodien mit und ohne Verzierungen.

꾸밈음이 있는 선율과 꾸밈음이 없는 선율 연습

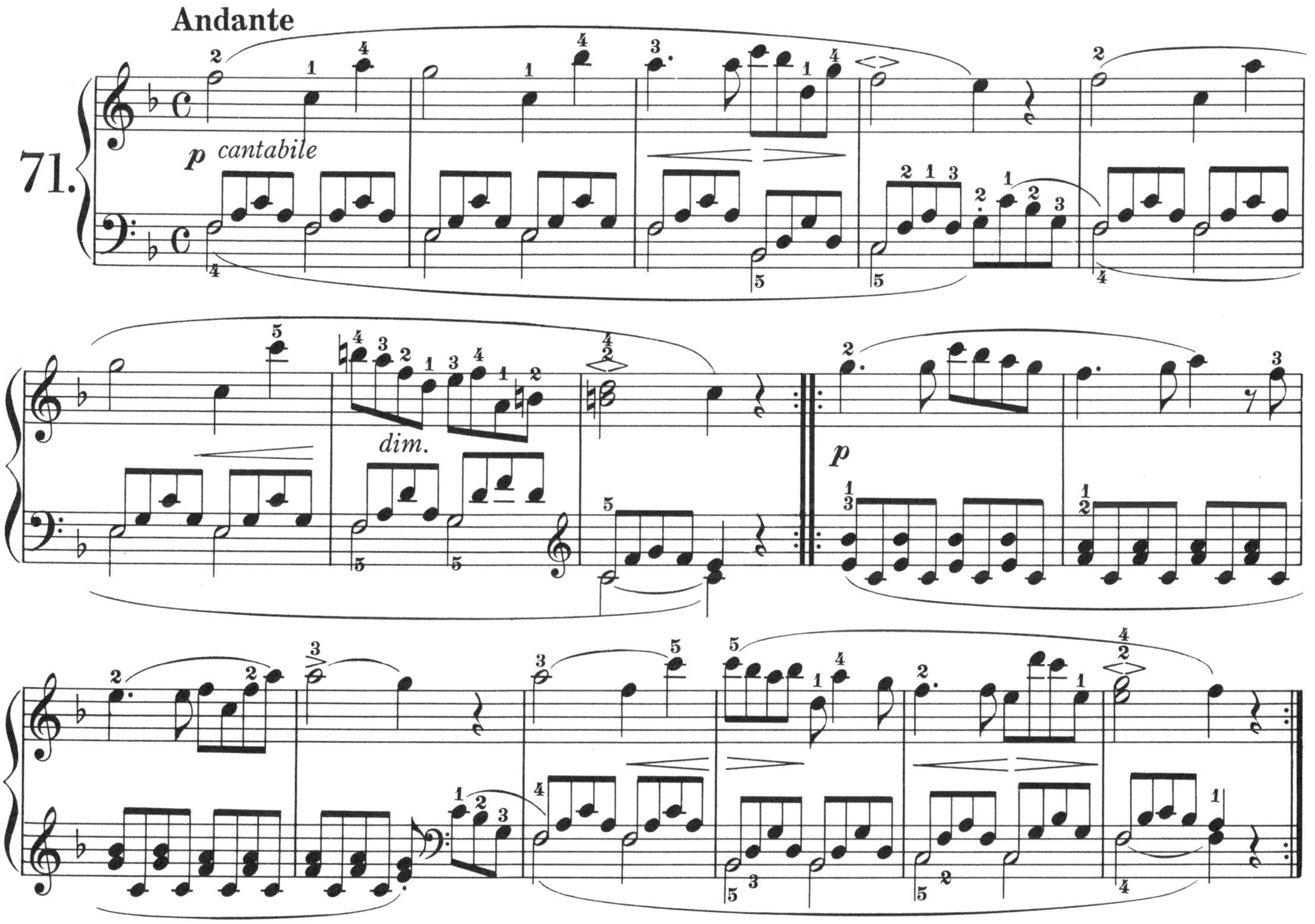

Andante

71.

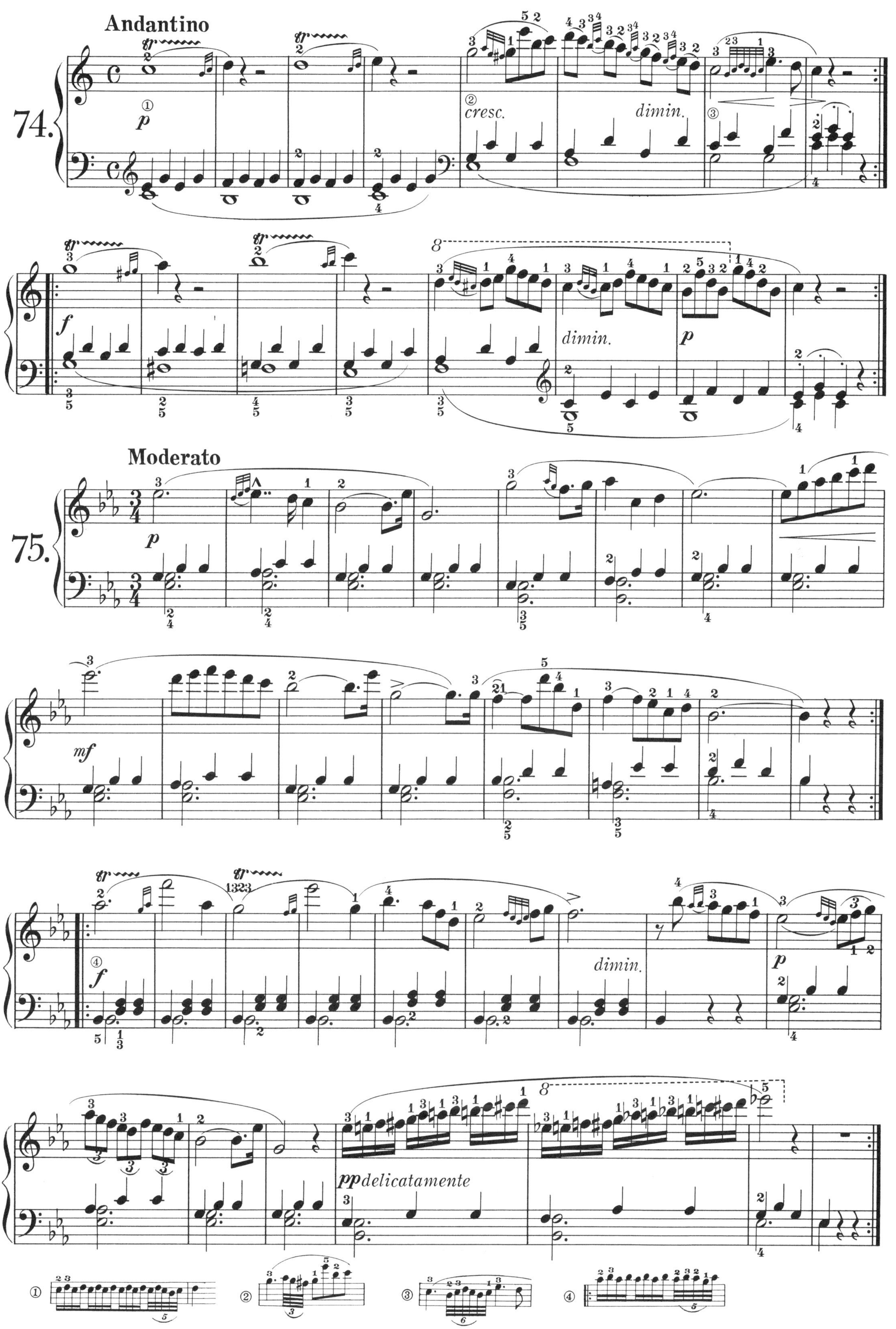
Andantino
74.
p
cresc.
dimin.
f
dimin.
p
Moderato
75.
p
mf
f
dimin.
p
pp delicatamente

Allegretto

80.

Allegretto à l'hongroise

82.

Allegro

83.

Allegretto

87.

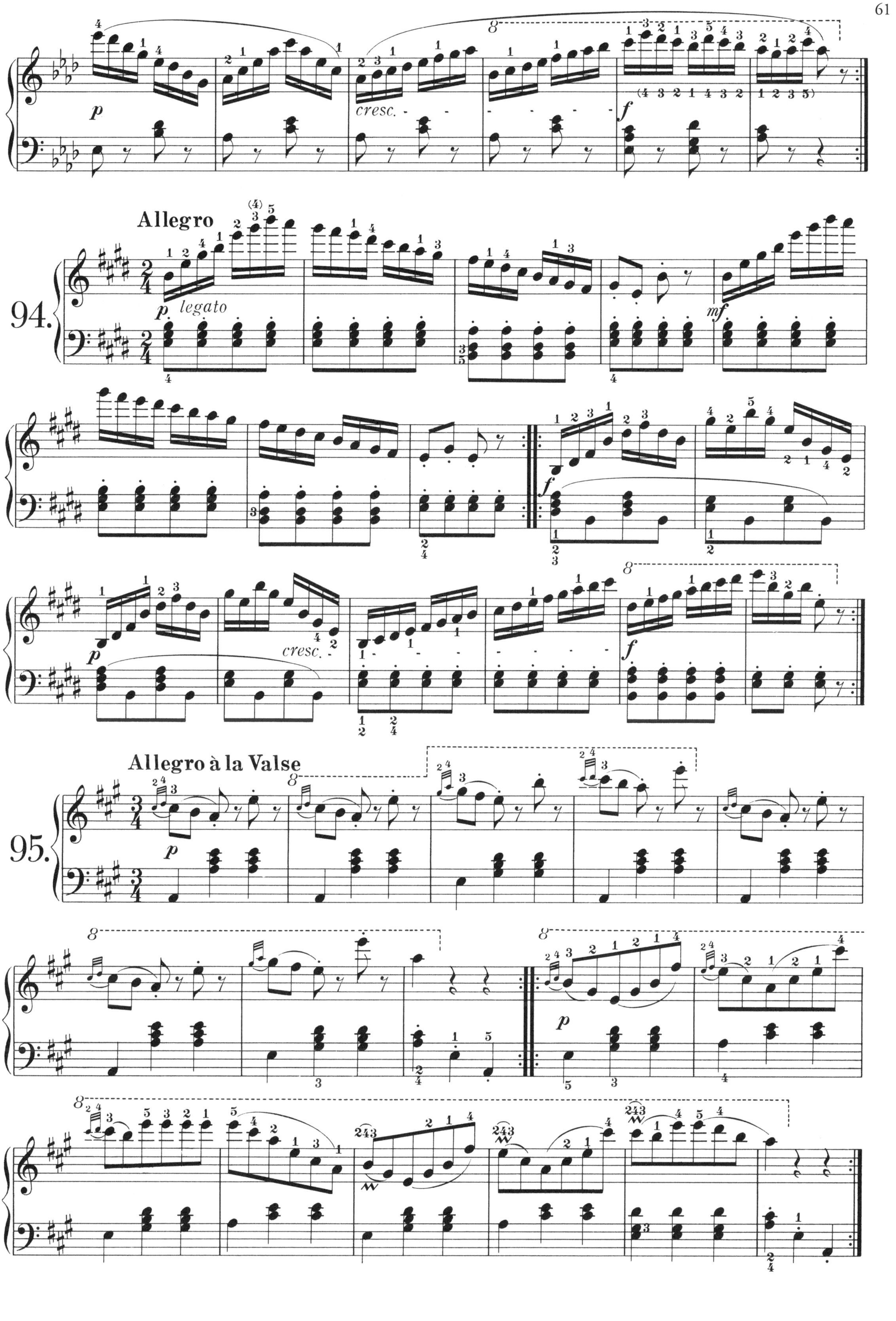
p
cresc.
f
Allegro
94.
p legato
mf
f
p
cresc.
f
Allegro à la Valse
95.
p
p

62

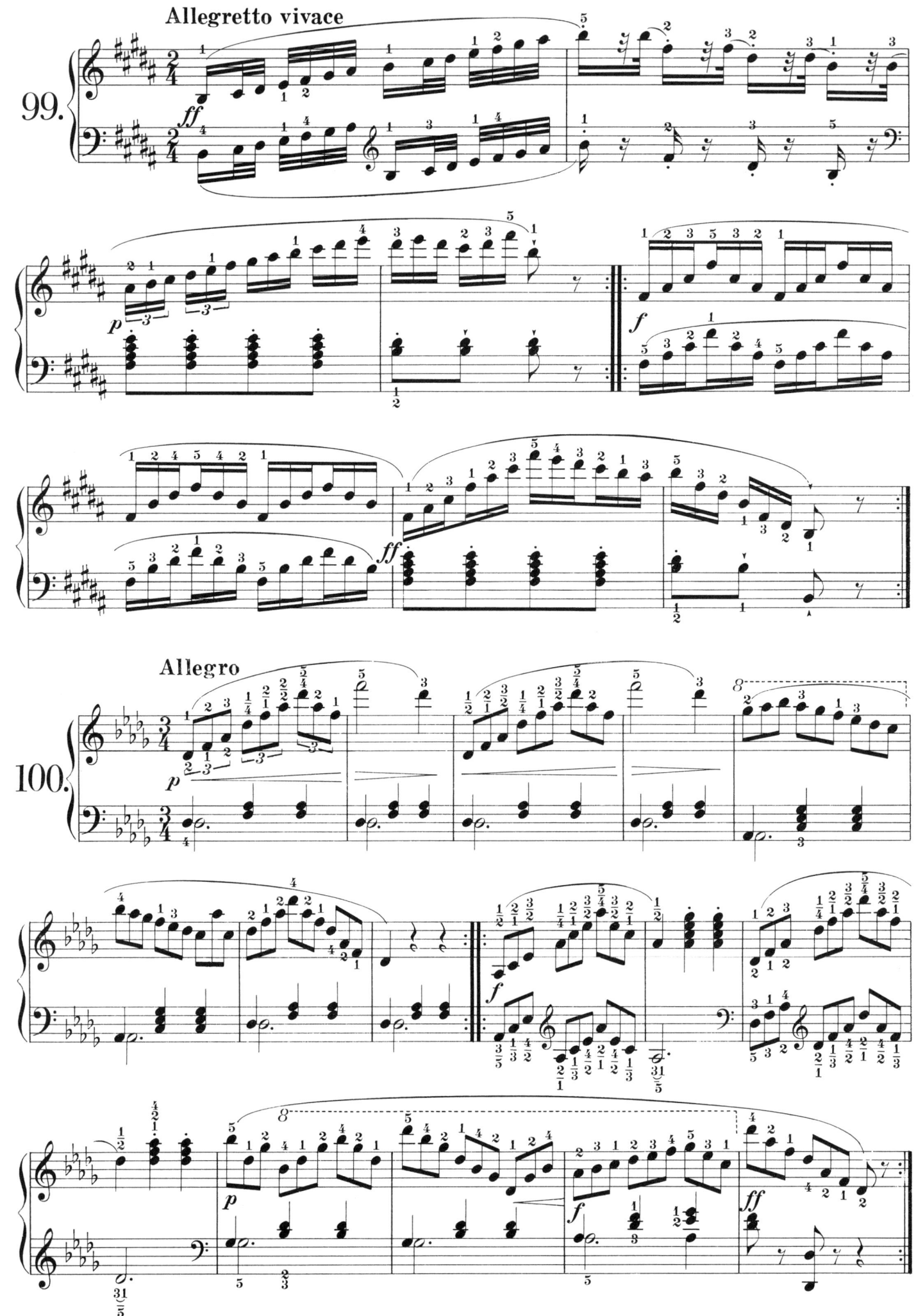

젠온 피아노 라이브러리
체르니 [원전판] 시리즈

CZERNY　KINDERÜBUNGEN
체르니　어린이를 위한 연습곡

60곡 모두 바이어와 함께 사용할 수 있다. 바이어 학습 내용과 병행(바이어 10번부터)해서 배열되어있으며 보충 내용도 충분히 들어있다. 후반부의 난이도는 바이어를 마친 이후에도 연습할 수 있다.

36P / 과정 : <바이어> 시작(10번)부터 마지막까지 병행
난이도 : ★

CZERNY　ERSTER LEHRMEISTER　Op. 599
체르니　입문자를 위한 연습곡

악보를 이해할 수 있을 정도의 연령 이상의 입문자가 효율적으로 피아노를 배우기 위한 내용. 기본적인 테크닉 습득을 위해 쉬운 조성(장조만)으로 구성. 유아에게는 선생님의 적절한 배려가 필요하다.

68P / 과정 : 입문자용, <바이어> 과정
난이도 : ★★

CZERNY　THE LITTLE PIANIST　Op. 823
체르니　리틀 피아니스트

풍부한 음악성과 뛰어난 테크닉을 길러주고, 아름다운 연주음을 내기 위한 교본. 운지에 독특한 아이디어가 담겨있다. <바이어>를 마친 후의 과정 또는 <소타티네>를 시작하는 학생의 부교재로 좋다.

64P / 과정 : <바이어> 이후, <소나티네> 부교재
난이도 : ★★

CZERNY　6 LEICHTE SONATINEN　Op. 163 / 2 SONATINEN　Op. 49
체르니　소나티네 앨범

소나티네의 구성과 형식을 명료하게 파악할 수 있다. 빈 초기판을 바탕으로 다이내믹과 아티큘레이션이 추가된 한스 칸의 교정. 모차르트, 베토벤 작품으로 들어가는 디딤판으로 사용할 수 있다.

76P / 과정 : <소나티네> 과정
난이도 : ★★

CZERNY　100 ÜBUNGSSTÜCKE　Op. 139
체르니　100번 연습곡

<바이어>를 연습하면서 테크닉을 다듬기에 좋은 내용이다. <체르니 110번>과 마찬가지로 어린이는 물론 어른에게도 좋은 교재다. 초급부터 더욱 높은 테크닉까지 종합적으로 배울 수 있는 연습곡집.

88P / 과정 : <체르니 100번 연습곡>
난이도 : ★★

CZERNY　25 ÜBUNGEN FÜR KLEINE HÄNDE　Op. 748
체르니　작은 손을 위한 25개의 연습곡

꾸밈음과 4성체 진행, 다양한 테크닉을 배울 수 있는 코랄곡 등 실전적인 연습곡집. 아름다운 선율이 특징적이며 음악적인 배려도 충분히 담고 있다. 손이 작은 어린이가 자연스럽게 손가락을 단련시킬 수 있다.

56P / 과정 : <바이어> 이후, <체르니 30번 연습곡> 전에
난이도 : ★★★

CZERNY　20 PREPARATORY STUDIES TO "STUDIES OF MECHANISM,　Op. 849"
체르니　20개의 쉬운 연습곡
<체르니 30번 연습곡> 전에

체르니의 700곡에 달하는 방대한 에튀드 중에서 이 단계에서 필요한 20곡만을 엄선. 쉬운 곡부터 차례대로 진행할 수 있도록 배열되어 <체르니 30번 연습곡>으로 자연스럽게 넘어갈 수 있다.

36P / 난이도 : <체르니 30번 연습곡> 전에
난이도 : ★★

CZERNY　160 KURZE ÜBUNGEN　Op. 821
체르니　8마디 연습곡

160개의 8마디로 이루어진 연습곡집. 짧은 길이에 중요한 요소가 집약(왼손 연습도 풍부하게 포함)되어있어 훌륭한 연습효과를 낼 수 있다. 쉬운 난이도부터 배열되었으며, 자연스럽게 음악이론도 익힐 수 있다.

84P / 과정 : <체르니 30번 연습곡> 병행
난이도 : ★★★

CZERNY　ETUDES DE MÉCANISME　Op. 849
체르니　30번 연습곡

<바이어> 교본 다음 단계로 사용되는 경우가 많다. 이 연습곡집은 피아노 연주에 필요한 기본적인 테크닉을 완전히 익힐 수 있게 해준다. 피아노 학습자에게 필수적이면서도 일반적인 연습곡집이다.

72P / 과정 : <체르니 30번 연습곡>
난이도 : ★★★

CZERNY　DIE SCHULE DER GELÄUFIGKEIT　Op. 299
체르니　40번 연습곡

<체르니 30번 연습곡>에서 배운 연주 테크닉에 막힘없이 손동작을 더하기 위한 연습곡집. '숙련과정'이라고 되어있는 이 연습곡집은 폭넓은 기술을 배우고 안정된 연주속도를 익힐 수 있게 해준다.

116P / 과정 : <체르니 40번 연습곡>
난이도 : ★★★★

CZERNY　KUNST DER FINGERFERTIGKEIT　Op. 740(699)
체르니　50번 연습곡

'손가락을 숙련시키기 위한 테크닉'이라는 제목이 붙은 고도의 에튀드로 40번 다음에 사용한다. 이 연습곡집을 통해 피아노 학습자는 난이도 높은 작품 연주에 필요한 테크닉을 익힐 수 있다.

196P / 과정 : <체르니 50번 연습곡>
난이도 : ★★★★★

체르니　입문자를 위한 연습곡

초판발행　2025년 7월 1일

지 은 이　젠온악보출판사 편집부
펴 낸 이　하성훈
펴 낸 곳　서울음악출판사
주　　소　서울 서초구 반포대로22길 85 에덴빌딩 3층
영 업 부　02-587-5157
등록일자　2001년 4월 23일
등록번호　제2001-000299호
홈페이지　www.seoul-music.co.kr

© 2025, 서울음악출판사
© 1967 by Zen-On Music Co., Ltd., Tokyo.

값 10,000원
ISBN 979-11-6750-147-9